NOTICE

SUR LE COUVENT ARMÉNIEN

DE S. LAZARE DE VENISE

NOTICE

SUR LE COUVENT ARMÉNIEN

DE L'ILE

S. LAZARE DE VENISE

SUIVIE

D'UN APERÇU SUR L'HISTOIRE ET LA LITTÉRATURE DE L'ARMÉNIE

PAR

VICTOR LANGLOIS

MEMBRE DE L'ACADÉMIE ARMÉNIENNE DE S. LAZARE DE VENISE, DE L'ACADÉMIE DES SCIENCES DE TURIN, CHEVALIER DE L'ORDRE ROYAL, RELIGIEUX ET MILITAIRE DES SS. MAURICE ET LAZARE.

VENISE

TYPOGRAPHIE DE SAINT LAZARE.

1863.

Oui, c'est un de ces lieux où notre cœur sent vivre
Quelque chose des cieux qui flotte et qui l'enivre!

V. Hugo. *Feuilles d'automne, XXXIV.*

SUR LE COUVENT ARMÉNIEN
DE L'ILE S. LAZARE DE VENISE

SUIVIE

D'UN APERÇU SUR L'HISTOIRE ET LA LITTÉRATURE DE L'ARMÉNIE.

PREMIÈRE PARTIE

Histoire de Mékhitar ; de la Congrégation Mékhitariste et description de l'Ile de S. Lazare.

I.

Le couvent des Arméniens de Venise est situé dans l'île de St Lazare (San Lazzaro), à un quart de lieue de la Petite-Place (Piazzetta), où se dressent, à côté du palais des Doges, les deux colonnes, qui supportent la statue de St Théodore et le lion ailé de l'évangéliste St Marc. Il faut avoir dépassé la pointe de la Giudecca et s'être engagé dans la lagune pour découvrir l'île de St Lazare et son campanile carré surmonté d'un petit dôme, se dressant avec toute la majesté et l'élégance d'un minaret entre le monastère de San Servolo et le Vieux Lazaret (Lazzaretto vecchio), situés aussi dans deux îles, séparées par un embranchement du Canal Orfano.

Dès que la gondole élégante et rapide, qui transporte les visiteurs, a franchi le cap formé par l'angle de l'île, on voit S.ᵗ Lazare, qui apparaît avec ses constructions peintes en couleur de brique et ses bouquets de verdure, qui la font ressembler à une oasis dans le désert. Dans ce séjour de paix, de piété et de science, une colonie arménienne y a établi sa demeure et là résident les moines de la Congrégation Mékhitariste, ayant pour ainsi dire, le pied en Europe et les yeux tournés vers l'Orient, berceau de la race arménienne.

L'île de S.ᵗ Lazare est mentionnée pour la première fois dans les chroniques vénitiennes du XIIᵉ siècle. A cette époque, Hubert, abbé de S.ᵗ Hilarion, fit abandon par une charte, de ce terrain alors inculte et désert, au seigneur Leone Paolini, personnage recommandable par ses vertus. Quelque temps après, en 1182, la République de Venise acheta de Paolini cet îlot et en fit un asile pour les lépreux arrivant d'Orient; de là le nom de S.ᵗ Lazare, qui lui fut donné en souvenir du patron des pauvres malades atteints du fléau, qui, dans l'antiquité et le moyenâge, désolait aussi bien l'Orient que l'Occident. Quand la lèpre eut disparu d'Afrique et d'Asie, l'île fut abandonnée et n'offrit plus aux regards, que des ruines disparaissant sous d'épais bouquets de verdure, à l'ombre desquels s'abritaient les cabanes de pauvres pécheurs de l'Adriatique.

Cinq siècles plus tard, arrivèrent à Venise, au mois d'avril 1715, douze moines arméniens fuyant devant l'invasion turque en Morée, où ils étaient établis. Leur chef portait le nom de Mékhitar, qui dans la langue arménienne signifie *Consolateur*. Il était né à Sivas, l'antique Sébaste, en Asie-Mineure, et était l'unique enfant de Pierre et de Charistan arméniens de cette ville. Il fut baptisé sous le nom de Manoug, allusion au nom de l'Enfant-Jésus, dans l'idiome national. De bonne heure, Manoug montra les plus heureuses dispositions : doué d'une rare intelligence et d'un esprit très-actif, il fit très-vite de remarquables progrès d'abord sous la direction de deux religieuses et ensuite des moines de Garmir-Vank (le couvent rouge), auxquels avait été confié le soin de son instruction. Dès l'âge de quinze ans, il reçut de l'évêque Ananias l'habit religieux, le nom de Mékhitar et le titre de diacre. Ordonné prêtre à vingt ans, il parcourut l'Asie, prêchant l'Évangile parmi ses compatriotes, enseignant la théologie et s'efforçant de réunir dans la grande communion de l'Église Romaine les différentes sectes, que l'ignorance de vrais principes et quelques susceptibilités de mots avaient fait surgir parmi les Arméniens. Tourmenté par le désir incessant de répandre les lumières de la foi et de la science parmi ses compatriotes, il entreprit des voyages longs et périlleux. Il visita d'abord Etchmiadzin, vaste monastère construit sur l'emplacement de Vagharschabad, ancienne capitale de l'Arménie et qui sert aujourd'hui de résidence au patriarche suprême (catholicos) des Arméniens dissidents. Puis, il revint à Sébaste sa patrie, passa ensuite à Passèn, où l'évêque de ce monastère lui confia la surveillance de l'église et le soin d'instruire les enfants. Bientôt après, il entreprit de nouveaux voyages, et cette fois il gagna la Syrie et s'arrêta à Alep, où il forma le projet, grâce aux conseils d'un missionnaire français, le Jésuite Antoine Beauvillers, de visiter Rome. Muni d'une lettre de recommandation de ce père, il s'embarqua pour l'île de Chypre, où il tomba gravement malade et fut forcé de renoncer à son projet. Dès que Mékhitar fut entré en convalescence, il retourna à Sivas pour y rétablir sa santé et passa quelque temps au couvent Sourp Nichan (Sainte Croix), où il fut ordonné vartabed. Comprenant toute la gravité des devoirs, que ce nouveau titre lui imposait, il entreprit encore de nouveaux voyages en Asie-Mineure, à Constantinople, prêchant parmi ses compatriotes les vérités de la foi catholique. Des circonstances imprévues l'obligèrent à quitter cette ville et Mékhitar revint dans sa patrie, réservant à d'autres temps le soin de continuer son œuvre évangélique. Rentré au couvent de Passèn, il professa avec éclat la théologie et fit preuve d'un grand dévouement pendant tout le temps, que dura une épidémie cruelle, qui désola la contrée. C'est à la suite du zèle, qu'il déploya dans son enseignement et peu de temps après la cessation du fléau, qui avait ravagé son pays, que Mékhitar partit de Sivas pour retourner dans la capitale des sultans afin d'y répandre les lumières de la vraie foi. En 1700, il arriva à Constantinople et y prêcha l'union parmi ses coreligionnaires, la soumission à l'Église de Rome, et la foi chrétienne, qui devait conserver et maintenir l'esprit de nationalité.

Retiré à Péra avec trois de ses disciples, il conçut dès lors de fonder une association monastique dans le but de développer parmi ses compatriotes l'instruction si nécessaire au bienêtre du peuple et la foi chrétienne, qui soutient le courage dans les épreuves de la vie. Ce fut à Péra, que Mékhitar imprima les premiers livres de prières et d'éducation, qui devaient inaugurer les commencements de l'imprimerie des Mékhitaristes. Le livre capital sorti de la presse arménienne de Péra fut l'Imitation de J. C. Cependant la jalousie suscita à Mékhitar de perfides persécutions ; incapable de lutter seul et sans appui contre un parti puissant, il dut d'abord pour échapper à ses ennémis se réfugier chez les PP. Capucins et ensuite dans la maison de l'ambassadeur de France.

Le séjour de Constantinople était devenu impossible à Mékhitar et à ses compagnons; il résolut de chercher ailleurs le calme et la tranquillité si nécessaires aux travaux de la Congrégation naissante, et se décida à partir avec ses élèves pour la Morée, pays chrétien, alors au pouvoir des Vénitiens. Avant de quitter Péra il rassembla ses disciples, leur fit part de son projet de quitter la Turquie avec eux, et prévoyant, qu'il serait imprudent de partir tous en-

semble et d'éveiller ainsi l'attention de ses en-
nemis, il partagea ses compagnons par grou-
pes. Le rendez-vous était la ville de Modon, sur
les murailles de laquelle flottait l'étendard de
S.ᵗ Marc. Avant de se séparer d'eux, Mékhitar
exhorta ses compagnons à ne pas perdre courage, et se plaçant avec eux sous la protection
de la Vierge Mère de Dieu, il leur donna pour
mot d'ordre le titre d'Enfants adoptifs de Marie
et docteurs de la Pénitence, qui devint dès lors
la devise de la Congrégation, et qui faisait allusion à leur consécration et aux malheurs, qu'ils
enduraient pour la vraie foi [1].

Quelques religieux firent par avance un voyage en Morée pour prendre connaissance du
pays et chercher un établissement. Bientôt a-
près arrivèrent Mékhitar et ses compagnons,
qui firent leur entrée à Modon après avoir tra-
versé mille dangers. Les autorités vénitiennes
accueillirent avec une faveur marquée les pauvres voyageurs, et bien qu'elles considérassent

---

1 Les armoiries de l'ordre religieux des Mékhitaristes représentent une croix contornée aux quatre cantons des emblèmes de
S. Antoine : la flamme, la cloche, l'évangile et le bâton. Sur cha-
cune des branches de la croix, on lit une lettre Ո. Կ. Վ. Ա. ini-
tiales de quatre mots suivants :. Որդեգիր Կուսին. Վարդապետ
Ապաշխարութեան. « Fils adoptif de la Vierge, Docteur de la
Pénitence ».

Mékhitar et ses compagnons comme des sujets de la Porte, elles virent d'abord en eux des chrétiens et leur donnèrent une honorable et digne hospitalité.

Aussitôt installé à Modon, le premier soin de Mékhitar fut de soumettre sa Communauté à une règle fixe, puis de construire un couvent et une église. Le pape Clément XI confirma l'existence du nouvel ordre, approuva sa constitution, agréa la règle de St Benoît substituée à celle de St Antoine, qu'il s'était d'abord choisi, et reconnut comme abbé celui, qui depuis tant d'années avait donné à la religion et à la foi des témoignages si parfaits de son zèle, de son abnégation et de ses vertus.

L'avenir apparaissait heureux et calme à la nouvelle Congrégation; et en effet depuis douze ans l'état le plus prospère avait permis à la Communauté de s'accroître, lorsque Dieu mit encore à l'épreuve Mékhitar et ses compagnons. Une formidable invasion turque avait paru en Morée, que les Vénitiens n'avaient pas su empêcher d'entrer dans la Morée. Le couvent des Arméniens fut pillé et incendié et les pauvres moines, sans abri et sans ressources, mirent leur confiance et leur espoir en Celle, qu'ils avaient choisie pour leur patrone. L'amiral Mocenigo et le gouverneur de la Morée Angelo Emo ne purent voir sans pitié, l'effroyable détresse de ces infortunés religieux, et cédant à leurs instantes prières, ils les firent embarquer sur l'un de leurs navires, qui allait faire voile pour Venise.

Au mois d'avril 1715, une embarcation légère détachée d'une galère portant pavillon de St Marc, gagnait à force de rames le quai des Esclavons; c'était la barque, qui portait Mékhitar et ses compagnons, venant implorer l'hospitalité vénitienne et demander à s'abriter à l'ombre des ailes du lion de l'Adriatique.

La sérénissime République fit aux pauvres fugitifs un accueil digne de la grandeur de Venise; et le 8 septembre 1717, le Sénat cédait à Mékhitar et à ses compagnons, l'île de St Lazare à perpétuité, la loi ne permettant l'établissement de congrégations nouvelles, qu'en dehors de la ville.

Les moines arméniens s'empressèrent alors d'occuper les ruines de l'île, assignée autrefois aux lépreux, et Mékhitar fit faire les réparations les plus urgentes aux constructions à demi écroulées, qui s'y trouvaient encore. Les moines élevèrent sans délai des demeures, tandisque leur abbé complétait la règle de la Com-

munauté et se mettait en mesure de poursuivre
le but moral, religieux et politique, qu'il se pro-
posait d'atteindre. Ce but, c'était la régénéra-
tion du peuple arménien ! Pour y parvenir,
l'association a compris, qu'il fallait obéir pa-
tiemment au temps, et que la précipitation ne
produisait, que désordre et ruine. Aussi les prêtres arméniens ont-ils profité de ces précieux
enseignements, que donne l'expérience et l'ad-
versité, et peu après on a vu leur Communauté
grandir et prospérer pour devenir en moins d'un
siècle le foyer intellectuel de la nation, le flam-
beau régénérateur, qui doit éclairer la vieille Arménie et la pousser dans la voie sainte du progrès et de la civilisation.

Les soins donnés à l'érection des édifices di-
vers, dont se compose le monastère, n'empêchèrent pas Mékhitar d'apporter un zèle, qui
ne se ralentit pas un seul moment durant sa
noble existence, à l'instruction des jeunes profès, qui venaient chaque année grossir le nombre de ses compagnons. Il donnait l'exemple
du travail en consacrant ses loisirs à l'étude.
Des traductions d'ouvrages de piété, de théologie, de sciences littéraires s'accomplissaient
sous son habile direction et l'imprimerie, qu'il
fonda dans le monastère même produisit bien-

tôt les nombreuses éditions, qui furent dirigées de son vivant à Constantinople, en Asie, là enfin où se trouvaient les débris de la race arménienne.

Le monastère fut entièrement achevé en 1740 par le fondateur lui-même, comme l'indique l'inscription arménienne et latine placée à l'entrée du réfectoire :

ՄԵՆԱՍՏԱՆՍ ԱՅՍ ԸՍՏ ԲՈԼՈՐԻՆ
ՇԻՆԵԱԼ ԵՂԵԻ Ի ՓԱՌՍ ՓՐԿՉԻՆ·
ՑԱԲԲԱՅՈՒԹԵԱՆ ՍԵԲԱՍՏԱՑԻՈՑ
ՄԸԽԻԹԱՐԱՑ ՎԱՐԴԱՊԵՏԻՆ։

FUIT HOC MONASTERIUM TOTUM TEMPORE MECHITAR PETRI EX SEBASTE, I. ABBATIS EXTRUCTUM, AN. 1740.

Mais peu d'années après, que Mékhitar eut achevé l'œuvre, qu'il avait entreprise, une maladie, qui devait avoir des suites fatales se manifesta par des symptômes alarmants. Pendant trois ans le vénérable abbé supporta avec une angélique résignation les douleurs physiques provoquées par un mal incurable, et que l'art des médecins ne sut calmer. Enfin le 27 avril 1749, Mékhitar de Sivas, âgé de 74 ans rendit son âme à Dieu en appelant sur ses enfants la protection du Très-Haut. Son corps fut déposé aux pieds du grand autel dans la chapelle du couvent et une simple dalle marque la place, où demeurera éternellement la dépouille mortelle du saint abbé. A partir de ce moment, les moines de S.ᵗ Lazare ont pris le nom de Mékhitaristes en souvenir du fondateur de leur Congrégation.

A Mékhitar succéda comme abbé, Étienne Melkon (Melchior) de Constantinople. C'est sous son administration spirituelle, que quelques Mékhitaristes divisés d'opinion sur des questions de constitution monastique, allèrent fonder sous la conduite de Babik, d'abord à Trieste, puis à Vienne, en Autriche, une Communauté tout à fait distincte, quoique portant le même nom et travaillant dans le même but.

Melkon mourut en 1800 et fut remplacé par Aconce Köwer, né dans la Transilvanie, où se trouve une colonie arménienne. Sa famille était noble et il fut le premier abbé revêtu de la dignité d'Archevêque, qui lui fut conférée par la cour de Rome. Ce prélat eut à traverser des temps difficiles. Bonaparte victorieux sur les champs de bataille de l'Italie, avait conquis Venise et anéanti la République; il entrait dans les vues du conquérant d'abolir les couvents et le monastère des Arméniens allait être lui-même supprimé par un décret, quand la providence leur évita ce malheur. Grâce à leur nationalité et à la direction scientifique donnée à leur institution, les Mékhitaristes obtinrent de s'ériger en académie, titre certifié d'ailleurs par des travaux d'érudition et de critique dûs aux membres de la Congrégation. Le sage Aconce put par ce moyen sauver le couvent arménien de la ruine, qui enveloppait tous les monastères de l'Italie et sans rien changer à la constitution monastique de l'ordre, il ajouta un titre de plus à ceux, que les religieux de St Lazare avaient déjà acquis à la reconnaissance de leurs nationaux. Après vingt quatre ans d'administration, Aconce fut remplacé par Sukias de Somal, qui lui succéda dans son double titre d'abbé et d'Archevêque en 1824.

Sukias fit faire de véritables progrès à la Congrégation et ce vénérable prélat donnant l'exemple des recherches scientifiques, inspira à ses administrés l'amour de la science et on vit les religieux publier de remarquables travaux d'érudition et de critique sous la direction éclairée de leur abbé. Ainsi on vit paraître successivement des éditions des classiques arméniens, qui jusqu'alors étaient restés en grande partie inédits, des traductions des principaux chefs-d'œuvre des littératures étrangères; et cet élan inspiré par Sukias, lui-même écrivain distingué et critique habile, n'est pas ralenti depuis. C'est encore sous l'administration de Sukias, que furent fondés les deux colléges nationaux de Venise et de Padoue. En 1846, le vénérable Sukias termina ses jours et eut pour successeur Georges Hurmuz, abbé général actuel, qui à son intronisation a pris le titre d'Archevêque de Siunie déjà porté par ses prédécesseurs.

S'il est permis de donner des éloges mérités à ceux, qui ne sont plus, la convenance et surtout la sincérité d'une respectueuse amitié nous obligent à laisser à d'autres le soin de rappeler dans l'avenir les services rendus à la nation et à la Communauté par Monseigneur Hurmuz. Nous nous bornerons à dire seulement, que le respectable Archevêque de Siunie porte attachés sur sa poitrine, de nobles insignes, témoignages d'estime donnés par la main des monarques. Monseigneur Georges Hurmuz est Commandeur de la Couronne de fer d'Autriche, du Nichan Ifthikhar, du Médjidié, du Lion et du Soleil de Perse et Chevalier de l'Ordre de la Légion d'honneur.

Après cet exposé des origines et des développements de la Congrégation Mékhitariste, entrons dans l'intérieur de cette habitation à la fois simple et élégante, asile respecté de la foi et de la science, qui semble une épave vivifiante détachée de l'Arche Sainte et qu'un souffle divin amena doucement aux rives de la riante Italie.

II.

Dès que l'éperon d'acier de la gondole touche l'escalier de marbre, que baignent les eaux transparentes de la lagune, la porte du monastère s'ouvre comme par enchantement, et le visiteur pénètre sous l'*atrium* tout garni de fleurs et d'arbustes. Bientôt on voit venir un père du couvent, vêtu de la robe noire des moines de l'Orient, serrée à la taille par une ceinture de cuir, à laquelle est attaché un chapelet; c'est le guide, qui a pour mission de conduire le visiteur dans l'intérieur et de montrer aux étrangers les différentes parties de la maison, l'église, la bibliothèque, les collections, l'imprimerie et les jardins.

La Congrégation se compose d'environ soixante membres ou vartabeds et de quelques frères. Nous avons dit, que le couvent est administré par un abbé général, qui porte le titre d'Archevêque de Siunie et que le prélat, titulaire actuel de ces hautes fonctions, est Monseigneur Georges Hurmuz. L'abbé est assisté par un conseil de six membres nommés dans le chapitre de l'ordre et qui l'aident dans l'administration des affaires spirituelles et temporelles. L'occupation des Pères se partage entre les soins de l'éducation, des travaux scientifiques et littéraires, ceux de l'imprimerie et des affaires particulières du couvent. Les produits de leurs presses forment un des principaux revenues de la Communauté, et servent à couvrir les dépenses intérieures et les frais d'éducation des élèves, qui y sont admis comme séminaristes. Plusieurs des pères du couvent résident à Venise et même à l'étranger, où ils dirigent des couvents, à Constantinople et à Paris, ou bien ils voyagent comme missionnaires, travaillant ainsi à continuer l'œuvre de leur fondateur.

En pénétrant dans cette demeure paisible et solitaire, dont le silence n'est troublé, que par le bruissement du vent dans le feuillage des grands cyprès et par le murmure des vagues, qui se brisent contre les rivages voisins, on traverse un jardin entouré par les arcades d'un cloître. De larges escaliers aboutissent à des corridors, dont les nombreuses fenêtres ouvertes sur le paysage éblouissant, qui se déroule aux yeux étonnés, laissent voir le long profil du Lido, qui borne l'horizon et semble opposer comme une barrière aux flots bleus de l'Adriatique.

On visite d'abord l'Église construite dans le style gothique et dans laquelle on pénètre par un péristyle, où se voient deux monuments funéraires. Celui de droite renferme les cendres de Constantin Zuchola, ancien curateur de l'hôpital, quand l'île n'appartenait pas encore aux Mékhitaristes ; c'est ce qu'indique au reste l'inscription latine en quatre vers, dont voici le texte :

HOC PROBUS ET SAPIENS ORTUS DE PROLE ZUCHOLA
CLAUDITUR IN TUMULO, CUI CONSTANTINUS IN URBE
NOMEN ERAT, LAZARI CURATOR, AMATOR, ET ALMI
COMPATIENS INOPUM, DOMINE IN HONORE SUPERNI.

Le monument de gauche, tout moderne, en marbre blanc, fut fondé par le Chevalier Alexandre Rafaël, arménien des Indes, fils aîné d'Édouard Rafaël bienfaiteur du collége, qui porte son nom et qui fut établi à Venise dans l'ancien palais Zénobio, situé dans le quartier *dei Carmini*. De chaque côté de la porte extérieure de l'église, on voit une inscription, l'une en arménien, l'autre en latin, qui rappellent la visite, que le pape Pie VII fit au monastère en 1800.

L'Église fut élevée par Mékhitar sur les restes d'un ancien édifice vieux déjà de près de six siècles. Il remplaça le plafond plat par une voûte ceintrée, et fit dresser à la place des piliers en pierre, qui la soutenaient, des colonnes en marbre rouge. Telle qu'elle se voit aujourd'hui, l'église de S.ᵗ Lazare n'offre rien de bien remarquable par son architecture, qui est éclipsée par la magnificence de S.ᵗ Marc, de SS.ᵗˢ Jean et Paul, de la *Salute* et de ces merveilles d'art, que Venise renferme dans son enceinte. Cependant par sa simplicité, l'église des Mékhitaristes de S.ᵗ Lazare repose l'œil ébloui, qui a contemplé les richesses de la métropole et de la reine de l'Adriatique. On voit dans l'intérieur de l'église cinq autels. Au pied du maître-autel se trouve, ainsi que nous l'avons dit, la tombe du fondateur marquée par une dalle sans ornements et ne portant, qu'une longue inscription en langue arménienne. À droite une belle copie de la Vierge de Sassoferrato, exécutée par Jean Émir, turc converti, attire les regards.

L'un des autels secondaires est orné d'un tableau représentant le roi Tiridate, premier monarque chrétien de l'Arménie, qui fut baptisé par S.ᵗ Grégoire l'Illuminateur; un autre est surmonté d'un Christ en marbre. Les autres toiles représentent S.ᵗ Mesrob, l'inventeur des caractères arméniens et l'un des traducteurs des Livres saints; S.ᵗ Isaac, patriarche de l'Arménie; enfin les autres autels sont dédiés, l'un à S.ᵗ Antoine, premier patron de la Congrégation, et l'autre à la Madonne. La sacristie renferme de riches ornements et de précieux vases sacrés; on y conserve les vêtements sacerdotaux du fondateur et des abbés généraux, ses successeurs.

Rien n'est plus solennel, qu'une messe pontificale dans l'église des Arméniens, quand le vénérable Prélat entouré des pères du couvent et des novices, tous revêtus de leurs ornements sacrés, entonne dans la langue nationale, les chants religieux composés par les vieux poètes chrétiens de l'Arménie. On croirait entendre les bardes antiques du Koghten récitant au son du *pampirn,* les ballades sacrées, qui étaient encore au V siècle un sujet d'admiration pour

Moïse de Khôrèn, qui en a conservé quelques vers dans son histoire. Un jour de grande fête, on peut juger de la grandeur de la pompe arménienne. L'Archevêque, les diacres et les lévites, tous se revêtent de leurs plus beaux ornements, faits d'étoffes précieuses aux nuances les plus tendres et garnies de broderies en perles et en soie, représentant des fleurs et des fruits, ouvrage des dames arméniennes de Constantinople. Les parfums les plus suaves brûlent dans des encensoirs tenus par de jeunes lévites, qui balancent en cadence les cassolettes suspendues à des chaînes d'argent. Le chant religieux des Arméniens est monotone, comme tous les chants de l'Orient et paraît singulier d'abord à des oreilles européennes.

Les Mékhitaristes ont conservé autant, qu'il leur était possible, leur rite national, et ils le célèbrent dans leur idiome. Pendant l'office, les blanches vapeurs de l'encens séparent le chœur et le grand prêtre du reste de l'église et font apparaître comme porté sur un nuage le célébrant, vêtu de sa dalmatique arménienne et couronné de la tiare des pontifes. Au moment, où s'accomplit le sacrifice, un rideau ferme le sanctuaire pour dérober aux yeux des assistants l'acte mystérieux de la consommation.

Chaque jour, les moines de S.ᵗ Lazare vont trois fois à l'église pour y dire les offices ; le matin à cinq heures, puis à midi et enfin à trois heures.

Les Mékhitaristes desservent aussi une petite église à Venise, c'est la chapelle de Sainte-Croix, construite aux frais des Arméniens par l'architecte Sansovino.

Au sortir de l'église, on visite le réfectoire du monastère ; c'est une salle, où se font les repas en commun, et dans laquelle on voit un tableau bien exécuté de la Cène, et qui est l'œuvre d'un artiste vénitien Novelli, celui-là même, qui peignit l'autel dédié à S.ᵗ Antoine dans la chapelle du couvent.

La partie de la maison la plus intéressante pour les visiteurs est sans contredit la bibliothèque, où l'on monte par un escalier placé près du réfectoire. Un vestibule éclairé par une fenêtre donnant sur les jardins de l'île et d'où la vue embrasse la plus grande partie du Lido, sépare la bibliothèque du cabinet des manuscrits. La vaste salle, où sont rangés les quinze mille volumes imprimés, dont se compose la bibliothèque, est éclairée par des fenêtres donnant aussi sur des jardins. Le plafond est orné de médaillons représentant le martyre de S.ᵗᵉ Catherine, et les plus célèbres docteurs des églises romaine et arménienne. Les livres sont disposés sur des tablettes et dans des armoires, dont la menuiserie est d'un joli travail; ce sont pour la plupart des ouvrages religieux, littéraires, scientifiques, des éditions rares, des livres précieux, dignes de figurer dans le cabinet d'un bibliophile. Au milieu de la salle, on voit un meuble renfermant la collection numismatique, composée de monnaies antiques et du moyen-âge de l'Asie et notamment de médailles arméniennes.

Sur un socle, repose le buste de Mékhitar, en marbre de Carrare, et qui fut exécuté à Rome en 1833 par le chevalier Fabris, élève distingué de Canova. Un piédestal supporte une fort belle statue du pape Grégoire XVI de petite dimension; c'est un présent de ce pontife aux Mékhitaristes, auxquels il se plaisait à décerner le titre d'amis. Un papyrus birman à double face est placé dans un meuble à bascule, qu'on voit dans un angle de la salle; c'est un souvenir, que M. Lazarowitch, riche arménien des Indes, laissa au monastère. En face de ce papyrus, on aperçoit un télescope très-puissant. Mais l'objet le plus curieux du musée est assurément le cercueil de cèdre, renfermant une momie égyptienne; c'est un cadeau fait au couvent par un arménien célèbre Boghos-bey, ministre de Méhémet-Aly, qui seconda si dignement les intentions civilisatrices du vice-roi d'Égypte.

Sur la porte d'entrée de la bibliothèque, on admire une belle marine du peintre arménien Jean Aïwazowsky, chevalier de S.te Anne et de la Légion d'honneur, l'un des peintres les plus habiles de la Russie.

Le cabinet des manuscrits est contenu dans une pièce basse, renfermant deux mille volumes, qui forment la principale richesse intellectuelle du couvent. Les manuscrits seront transportés bientôt dans une pièce située à l'extrémité de la grande bibliothèque, dont nous avons parlé, et qui sera mieux appropriée, que la chambre actuelle, devenue trop petite. Ce dépôt de manuscrits écrits dans l'idiome et avec des caractères arméniens est le plus riche de toute l'Europe, mais il est inférieur à celui d'Etchmiazin dans la grande-Arménie. Tous les manuscrits sont reliés et disposés avec soin dans des armoires vitrées, il y en a de fort anciens écrits sur parchemin; d'autres sont ornés de vignettes, qui font l'admiration des artistes et des coloristes; quelques uns même sont au-

tographes. Un catalogue raisonné en a été
dressé par les pères et forme un volume ma-
nuscrit in-folio. Dans cette même salle, on a
rassemblé un exemplaire de tous les ouvrages
arméniens publiés à l'étranger et de chacun des
livres sortis des presses du couvent. Une ar-
moire renferme quelques antiquités arméniennes et de différents pays ; une vierge portant
l'enfant Jésus et sculptée en bas-relief sur une
pierre dure, au revers de laquelle on lit une inscription arménienne, mentionnant le nom de
l'artiste Alexandre. Une jolie coupe à boire en
argent doré porte une inscription arménienne,
qui atteste, qu'elle fut fabriquée à l'usage d'un
personnage appelé Lazare. Enfin sur le haut
des tablettes, on voit étalées les pièces d'une
armure antique d'homme et de cheval, décou-
vertes aux environs d'Erzéroum.

L'imprimerie du monastère mérite aussi d'attirer l'attention du visiteur ; elle est située près
de la porte d'entrée du couvent. Là, des com-
positeurs italiens travaillent sous la direction
d'un père chargé du service de la typographie.
Depuis l'époque de Mékhitar jusqu'à présent
l'imprimerie de S.t Lazare a produit une quantité considérable d'ouvrages en tous genres,
qui, chaque année, sont expédiés en Turquie,

en Russie, en Perse et jusqu'aux Indes. Les produits de cette typographie ont valu au monastère une médaille de première classe à l'exposition universelle de Paris en 1855. C'est dans cette imprimerie que fut composée la bible de Mékhitar, les œuvres des Mékhitaristes célèbres, les traductions des classiques grecs, latins, italiens et français, les éditions des classiques arméniens, et enfin, les célèbres ouvrages d'Eusèbe et de Philon le juif, dont le texte original était perdu et qui n'existe plus aujourd'hui, que dans la version arménienne.

Nous avons dit qu'à l'époque des campagnes de Bonaparte en Italie, les Mékhitaristes avaient fondé une académie nationale, dont les membres étaient choisis dans leur sein. Cette académie s'est imposé le devoir d'élaborer les textes, qui sortent chaque année des presses du couvent, et de travailler à la confection d'un immense dictionnaire arménien, composé sur le modèle du dictionnaire de l'académie française. Chaque mois un journal, le Polyhistor *(Pasmaveb)* publie les communications des religieux académiciens, qui admettent aussi dans leur sein des savants étrangers voués à l'étude de la littérature arménienne. MM. Brosset, Reinaud, Petermann, etc. sont membres de cette académie. à laquelle appartenaient aussi lord Byron et Sylvestre de Sacy.

Le monastère recrute ses novices parmi les nationaux de tous les pays, où sont établis les Arméniens, et chaque année la Congrégation confère le titre de docteur ou vartabed à des jeunes pères, qui ont satisfait aux examens et ont embrassée la vie cénobitique. Les élèves sont partagés en trois classes, dont la première est destinée aux enfants jusqu'à l'âge de 17 ans. On leur enseigne les humanités et les langues de l'Europe, les mathématiques, l'histoire et la religion. La seconde classe ou noviciat, se compose de jeunes gens, qui désirent prendre les ordres et à cet effet ils continuent les études commencées dans la première division, à savoir, la rhétorique, le latin, les sciences exactes. Enfin la troisième classe est aussi pour les novices, qui étudient la philosophie et la théologie, le grec, etc. A la suite de l'examen final, qui termine le cours de la troisième division, les religieux profès sont ordonnés prêtres et prennent le titre de pères. Alors ils sont chargés par l'abbé d'un service, mais qui n'est jamais un travail servile, car des frères convers et des domestiques sont chargés des gros ouvrages, et du soin de veiller à la propreté du monastère et à la garde des bestiaux, dont l'étable est située au fond du jardin. Après plusieurs années de séjour au monastère, les pères sont envoyés en mission, et avant de partir, l'abbé leur confère le titre de docteur *(Vartabed)*.

Chaque membre de la Communauté a sa cellule particulière, et l'abbé lui-même habite parmi les siens dans un modeste appartement composé d'une cellule, d'un oratoire et d'une salle de réception. C'est dans cette salle, que l'Archevêque de Siunie admet les étrangers de distinction. Cette pièce est ornée des portraits des Empereurs d'Autriche et de Turquie, et bientôt on y verra celui de l'Empereur Napoléon III, donné par le gouvernement français au monastère en témoignage de l'estime, que la France professe pour la nation arménienne et pour les utiles travaux de la Congrégation.

N'oublions pas avant de quitter ces lieux, de visiter le jardin tout garni d'épais berceaux de vignes, qui recouvrent cette île féconde d'un dais pourpré de raisin. Il y a un coin ombragé par une vigne, qui donne chaque année un vin blanc, dont les pères se servent pour célébrer la messe, et qui a reçu le nom à la fois national et biblique de vin de l'Ararat.

Près de là se dresse un long mât, où les jours

de fête, on fait flotter la bannière ottomane, présent du sultan Abdul-Medjid. Le jardin est bien entretenu et partout où l'on tourne les regards, on découvre un panorama splendide : au loin, les Alpes Juliennes couvertes de neige ; plus près Venise la rouge, avec ses campaniles, ses dômes d'argent, ses palais de marbre, ses colonnes symboliques, enfin la mer d'azur sillonnée par des gondoles noires glissant sur les eaux. A droite, le Lido, qui réfléchit sa verdure sur le miroir de l'Adriatique et les petites îles baignant leurs pieds dans la lagune et se développant au loin sur une grande étendue.

A l'une des extrémités de l'île S.ᵗ Lazare, on a construit de belles étables, où de grasses génisses broutent l'herbe du Lido, qu'une barque va chercher chaque matin. Derrière l'abside de l'église, on voit quelques cyprès et de modestes sépultures ; ce sont les tombes de pauvres pélerins d'Orient, qui ont demandé à reposer à l'ombre de la vigne de l'Ararat, qui leur rappelait la patrie absente.

Avant de sortir du couvent, on visite la librairie, placée dans une pièce située en face de l'imprimerie. Là se trouve le dépôt de toutes les productions littéraires du couvent. On y montre d'ordinaire aux visiteurs, un petit volume imprimé en plus de trente langues, et qui contient les prières de St Nersès. Enfin on y parcourt le registre, où chacun écrit son nom ; c'est un curieux recueil d'autographes, où l'on voit à côté des signatures des empereurs et des rois les noms de voyageurs moins illustres. Chaque feuillet contient un mot, une phrase, un distique; et depuis le plus modeste visiteur jusqu'au plus grand monarque chacun a laissé tomber une pensée ou un souvenir. Lord Byron signa ce registre un des premiers et après lui, on peut lire les noms des empereurs et des impératrices d'Autriche, des princes de l'Occident, des généraux, dont les noms ont retenti en Europe et des écrivains célèbres, dont la plume élégante s'est plu à chanter Venise la belle, avec ses palais de fées et ses gondoles mystérieuses.

Il est rare, qu'en visitant le couvent en été, on y rencontre beaucoup de Pères, la plus notable partie d'entre eux est absente : les uns remplissent des missions à Constantinople, en Asie et en France, où le monastère possède un collége à Paris; les autres vont goûter un peu de repos en terre-ferme, à Fiesso, campagne près de Padoue.

Les deux colléges, que les Mékhitaristes pos-

sèdent à Venise et à Paris furent fondés par
des dons particuliers. Deux riches Arméniens
de Madras, laissèrent des sommes considérables
aux Pères de St Lazare à la charge par eux
d'employer les revenus de ces dons à l'éducation de leurs coreligionnaires. Ce fut alors qu'on
fonda deux colléges : l'un à Venise en 1836
dans le palais Pésaro en face du palais de la
duchesse de Berry ; il a été transporté depuis
dans le palais Zénobio et porte le nom du do-
nataire Rafaël. Quarante élèves placés sous la
direction d'un père Mékhitariste assisté de plusieurs de ses confrères, y reçoivent une éducation complète. L'autre collége fut établi d'a-
bord à Padoue en 1834, mais il a été transporté à Paris en 1846, où il se trouve actuellement, dans le magnifique hôtel, construit jadis
rue de Monsieur, pour la duchesse de Bourbon.
C'est là où est maintenant le collége arménien
Samuel-Mourad. Soixante élèves y sont élevés
sous la direction des Pères de St Lazare et
avec la coopération de professeurs français. Ces
deux colléges ont déjà formé des élèves distin-
gués ; et en Turquie et en Perse des Arméniens,
qui y ont été instruits sont parvenus à de hauts
emplois dans l'ordre militaire, civil et financier.
Dans la seconde partie, nous dirons un mot

de la géographie et de l'histoire de l'Arménie et nous consacrerons quelques pages à la restauration de la littérature arménienne par les Mékhitaristes, aux arménistes et aux voyages exécutés dans ces derniers temps en Asie, au cœur même des contrées autrefois possédées par la race arménienne et où on la trouve encore très-répandue à présent.

DEUXIÈME PARTIE

—

Histoire de l'Arménie et de la littérature arménienne depuis les temps antiques jusqu'à nos jours.

—

I.

La vaste contrée désignée sous le nom de Grande-Arménie occupe toute la région de l'Asie située au sud des montagnes du Caucase jusqu'à la Mésopotamie et s'étend de l'ouest à l'est depuis l'Euphrate jusqu'à la mer caspienne. C'est un immense cercle, dont le centre est formé par le Mont-Ararat, sur lequel, au dire des traditions bibliques, l'Arche de Noé se reposa après le déluge. Autour de ce cercle sont la Mingrélie, l'Iméreth, la Gourie, la Géorgie, le Kakheth, le Schirwan, le Ghilan, l'Adherbeïdjan et le Kourdistan.

La Petite-Arménie, qui tient à la Grande par sa partie la plus étroite, est comme une presqu'île, qui s'avance dans l'Asie-Mineure ; elle s'étend depuis les montagnes de l'Amanus jusqu'au Pont-Euxin vers Trébizonde. La largeur est bornée à l'est par le côté occidental de la Grande-Arménie, à l'ouest par la Cappadoce, la Cilicie et la Syrie.

La Cilicie, qui fut pendant trois siècles le siége d'un royaume arménien, est séparée de la Petite-Arménie par les montagnes du Taurus. Cette province est de tous côtés enfermée par les montagnes, sauf au sud, où elle a pour limites les flots de la Méditerranée.

Les géographes arméniens divisent la Grande-Arménie en quinze grandes provinces, subdivisées elles-mêmes en cantons et en districts. Ces provinces sont : Haute-Arménie, Daïk, Koukark, Oudi, Quatrième-Arménie, Douroupéran, Ararat, Vasbouragan, Siunie, Artzakh, Païdagaran, Aghdznik, Mogk, Gordjaïk et Perse-Arménie. Le pays appelé Petite-Arménie comprenait la Première, la Seconde et la Troisième Arménie sous la dépendance des Grecs.

La division actuelle est très-différente. Les Turcs, qui possèdent toute l'Arménie-Mineure et les pays situés à l'ouest de l'Euphrate et au

sud des montagnes de la Géorgie et de la Mésopotamie, ont divisé cette vaste étendue de
pays en pachaliks, dont les principales villes
sont: Erzéroum, Kars, Bayazid, Van et Diarbé-
kir. Les Russes ont conquis sur les Persans depuis le siècle dernier et même encore au commencement de celui-ci, une notable partie de
la Grande-Arménie, le pays situé entre le fleu-
ve Gour (Cyrus) et l'Araxe jusqu'à leur confluent. Ils possèdent les villes d'Érivan, Nakhi-
dchévan, Asdabad, Chaki, Schirwan, Chamakhi,
Berdé et le monastère d'Etchmiadzin. De plus
les Russes ont acquis les pays situés au sud
de l'Ararat, une partie du Vasbouragan et la
contrée, qui va du confluent de l'Araxe à la mer
caspienne. Il ne reste plus aux Persans, qu'il y
a un siècle occupaient une grande partie de
l'Arménie que les contrées situées entre les
possessions des Turcs, les montagnes du Kourdistan et le lac d'Ourmiah.

Les villes remarquables de l'ancienne Arménie, dont l'existence s'est perpetuée jusqu'à nous,
ou dans les ruines subsistent encore à présent,
sont: Garin ou Théodosiopolis, aujourd'hui Erzéroum, Ani ancienne capitale des Bagratides,
dont les ruines font l'admiration des voyageurs,
Vagharschabad, ville ruinée, sur laquelle s'élève

le monastère d'Etchmiadzin, Van, Ourha ou
Édesse, capitale des Abgars, Medzpine ou Nisibe et enfin Érivan.

Les traditions conservées dans les livres des
anciens écrivains nationaux nous apprennent,
que la contrée appelée par les Européens du
nom d'Arménie et par les gens du pays Haïasdan ou contrée de Haïk, fut fondée par le patriarche Haïg, qui était fils de Thorgom, fils de
Thiras, fils de Gomer, fils de Japhet, fils de Noé.
Haïg vint de Babylone avec une colonie et s'établit dans la région de l'Ararat, où il trouva
des populations primitives, qu'il soumit à son
autorité. Bientôt après il agrandit ses domaines
et triompha de Bel, le Nemrod des Livres Saints.
Les premiers successeurs de Haïg, dont les noms
sont autant d'éponymes nationaux, arrondirent les limites de leur pays jusqu'au moment,
où l'Arménie devint tributaire des Assyriens,
dont elle forma une Satrapie. L'Arménie resta
ainsi soumise à Ninive jusqu'au règne de Barouïr, qui leva l'étendard de la révolte contre
les dominateurs étrangers et se déclara indépendant. L'un des successeurs de Barouïr Tigran, que les Arméniens appellent Dikran, éleva
haut le nom de l'Arménie, et bientôt le royaume, qui comptait près de 2,000 ans d'existence,

devait succomber sous les efforts d'un des lieutenants d'Alexandre.

Lorsque le Conquérant Macédonien parcourait en vainqueur le vieux monde asiatique, l'Arménie, qui était alors gouvernée par un prince faible et impuissant, dut céder devant les phalanges grecques. L'Arménie à la suite du partage de l'empire d'Alexandre, tomba aux mains des Séleucides, qui la régirent jusqu'au moment, où les Parthes parurent sur la scène du monde, battirent les armées de Syrie et s'établirent en maîtres sur une notable partie des domaines des rois Séleucides. Les rois grecs avaient possédé l'Arménie cent quatre-vingts ans.

L'un des successeurs d'Arsace, qui portait le même nom, que le fondateur de la dynastie des Parthes, fit don de l'Arménie à son frère Valarsace, ou Vagharschag, et lui conféra le titre de roi. Le prince parthe adoptant sa nouvelle patrie, lui procura la victoire sur les champs de bataille et les bienfaits d'une paix solide. Il restitua une organisation satrapale calquée sur le modèle des plus anciennes monarchies de l'Orient, et administra ses états avec beaucoup d'éclat. Valarsace fut le fondateur de la dynastie arsacide d'Arménie, qui devait durer plusieurs siècles et enfin succomber sous les efforts des

Romains et des Perses. Les premières luttes, que les Arméniens soutinrent contre les Romains, furent glorieuses pour les premiers, et c'est alors que l'on vit pour la première fois les aigles romaines céder les palmes de la victoire à des asiatiques, que la ville éternelle considérait comme de simples barbares. Tigrane (Dikran) II, qui porta si glorieusement le titre de Roi des Rois et s'assit même un instant sur le trône des Séleucides fit subir de rudes échecs aux armes romaines. Mais Antoine devait venger quelques années après les défaites de Gabinius, de Crassus, de Silon et de Ventidius et l'Arménie finit enfin par succomber sous les efforts du triumvir, qui la rendit tributaire du peuple-roi.

Dans le même temps, une ère nouvelle s'inaugurait pour les nations : le Christ était né et sa doctrine se répandant bientôt dans les contrées de l'Asie, allait changer la face du vieux monde païen et renouveler les destinées de l'humanité. Une branche de la dynastie arsacide, qui avait transporté le siége du gouvernement de l'Arménie à Édesse (Ourha) était représentée alors par le roi Abgar. Les historiens arméniens rapportent, que ce prince embrassa la foi nouvelle et fut le premier roi chrétien. Tandis qu'une branche des Arsacides se continuait dans l'Osrhoène, la souche directe se maintenait dans l'Arménie malgré les guerres qu'elle avait eu à soutenir et les malheurs qu'elle avait éprouvés. Un des rois de cette dynastie, Tiridate, ou Dertad, fils de Chosroès, ou Khosrow, après avoir relevé la gloire de son empire, embrassa le Christianisme, gagné par l'éloquence du S.ᵗ Illuminateur, le patriarche Grégoire, dont il avait été d'abord le persécuteur.

Pendant quelque temps, l'Arménie conserva quelque puissance en Asie et la foi nouvelle commença à briller d'un éclat des plus vifs. Les rois et les seigneurs, les patriarches et le clergé travaillaient à l'envi à consolider l'Église naissante, et du sein de l'épiscopat d'illustres confesseurs de la foi commencèrent à illuminer la chaire de S.ᵗ Grégoire et à répandre par leurs écrits les vérités évangéliques parmi des populations encore adonnées à l'idolâtrie et aux aberrations du monothéisme et du mazdéisme. L'Arménie grandissait sous les successeurs de Tiridate et de S.ᵗ Grégoire, quand les Perses vinrent opposer à la chrétienté la loi de Zoroastre. Diran roi d'Arménie, trop faible pour résister aux Perses, consentit à leur payer le tribut, qu'ils exigeaient de lui et il osa même relever les idoles et accepter les images de Ju lien, qu'il fit placer dans les églises. Arsace II, fils de Diran, vit sous son règne la puissance sassanide triompher des armées arméniennes; et ses successeurs, vassaux comme lui de la Perse, finirent par disparaître tout à fait. Le royaume d'Arménie d'abord partagé entre les Sassanides et les Romains, finit par être rayé du rang des nations, et des gouverneurs étrangers furent chargés de l'administrer au nom du roi de Perse et de l'Empereur de Constantinople.

C'en était fait pour jamais de la nationalité arménienne, si la Providence ne fût venue au secours des chrétiens et si elle n'eût procuré aux Arméniens un moyen de salut. Un pauvre prêtre, Mesrob disciple de St Nersès, dota à cette époque sa nation d'un alphabet, dont elle était dépourvue, et c'est à cette découverte que la race d'Haïg doit de s'être perpétuée jusqu'à nous en conservant, grâce à son idiome et à sa littérature, sa religion, qui est la base fondamentale de sa nationalité.

Quand les Perses eurent dévasté l'Arménie et renversé les Arsacides, qui avaient possédé l'empire d'Arménie durant plus de cinq siècles, on vit la nationalité arménienne essayer à différentes reprises de chasser l'étranger, dont les efforts tendaient surtout à lui imposer le culte du feu et la loi de Zoroastre. Plusieurs tentatives de révolte eurent pour résultat de faire cesser momentanément les persécutions et on vit même un instant les Arméniens commandés par Vartan le Mamigonien rétablir la puissance nationale et consolider la foi du Christ, un instant ébranlée. Mais ces efforts d'héroïsme furent de peu de durée et l'Arménie retomba bientôt sous un joug des plus durs. Des Marzbans persans firent couler le sang chrétien pendant de longs jours de deuil et de misère, et la palme des martyrs devint la récompense de ces nobles héros, qui tantôt sur les champs de bataille, tantôt sur le seuil de leurs églises, imploraient la mort de la main de leurs persécuteurs devenus leurs bourreaux.

Cependant les Grecs de Byzance résolurent de voler au secours de l'Arménie expirante et captive. Justinien et ses successeurs entreprirent en faveur des Arméniens plusieurs guerres contre les Perses, et ils auraient rétabli leur royaume si un ennemi nouveau, plus terrible que ne l'avaient été les Macédoniens, les Romains et les Perses, n'eût paru sur la scène et n'eût plongé l'Arménie sous un joug plus odieux encore. C'étaient les Arabes, qui venaient conquérir le monde et s'efforçaient de soumettre à la loi de Mahomet tous les adorateurs des divinités autres qu'Allah, au nom duquel ils réclamaient l'empire et la possession de la terre tout entière.

Jusqu'au moment, où les Osdigans, qui avaient succédé aux Marzbans persans et aux Curopalates byzantins, cessèrent de gouverner une partie de l'Arménie, qui fut une dépendance de l'empire des Khalifes, ce pays fut pendant près de cinq siècles tributaire des dominateurs voisins ou soumis au joug des infidèles. Cependant au IXe siècle, les Kalifes avaient rétabli dans une partie de l'ancien empire des Arsacides, un royaume national, qu'ils avaient donné à Achot, prince arménien de la famille des Bagratides. La capitale de ce royaume était Ani, où durant près de deux siècles, la dynastie d'Achot se continua pour être renversée ensuite par les Grecs de Constantinople. Sous prétexte d'une cession de territoire, Kakig, dernier souverain de cette dynastie fit don de ses états aux Romains, qui bientôt le firent traîtreusement assassiner.

L'Arménie subjuguée de nouveau, retomba dans l'anarchie et les habitants soumis à un dur esclavage attendaient le moment de se révolter ou de chercher une patrie nouvelle loin des lieux, qui les avaient vus naître. Au moment, où l'émigration arménienne se portait du côté du Taurus et des plaines de la Cilicie, il se produisit en Europe un mouvement vraiment extraordinaire : le désir d'arracher le tombeau du Christ des mains des infidèles fit prendre les armes à l'Europe entière et l'on vit bientôt l'Occident marcher spontanément à la conquête de l'Orient.

Les Arméniens occupaient la Cilicie depuis quelque temps déjà, quand les premières cohortes chrétiennes parurent en Asie-Mineure se dirigeant vers la Syrie. Les Arméniens s'étaient constitués en état indépendant sous le gouvernement des princes de leur nation, dont le premier Roupèn donna même son nom à la dynastie, qui régna sur la Cilicie à l'époque des croisades. Grâce à l'appui, que les Franks trouvèrent chez les Arméniens et grâce aussi aux secours, qui leur furent donnés par les princes du pays, les croisés purent arriver devant Antioche sans trop de difficultés. En récompense des services, qu'il avait rendus aux croisés, Léon prince d'Arménie fut élevé à la dignité royale parmi les Arméniens, et le titre de roi lui fut accordé pour lui et ses successeurs par l'Empereur d'Allemagne et le Saint-Siége.

Quand l'ardeur pour les croisades se fut ralenti, les Arméniens privés des secours de l'Occident ne purent résister longtemps aux forces réunies des Musulmans. Les derniers rois du pays, issus de la famille française de Lusignan, furent renversés de leur trône et le dernier monarque arménien, Léon VI de Lusignan, d'abord prisonnier des Mamelouks de l'Égypte, vint en France, où il termina ses jours en 1392. Depuis ce moment, l'Arménie ne s'est pas reconstituée. L'antique empire fondé par Haïg est devenu la possession des Musulmans ; mais depuis un siècle la Russie a fait la conquête d'une notable partie de l'ancienne Arménie.

II.

On ne possède de l'antique littérature de l'Arménie, que des fragments très-peu considérables, conservés dans les écrits des premiers écrivains chrétiens de la nation. Les noms des anciens bardes du pays ne nous sont pas même parvenus. La tradition prétend toutefois que la littérature nationale était florissante bien longtemps avant notre ère et l'on trouve cités dans les ouvrages des écrivains du premier siècle les noms de ces anciens écrivains, représentants de la littérature archaïque de l'Arménie. Cependant les personnages, auxquels on attribue les premières chroniques nationales, aujourd'hui perdues, sont plutôt des étrangers au pays, dont les noms révèlent une origine persane, syrienne ou grecque, comme par exemple, Mar-Apas Catina, Olympius, Ardites, Khorobut, qui sont très-vraisemblablement des appellatives, qui n'appartiennent pas à l'onomastique arménienne.

Les premiers écrivains, dont les ouvrages nous sont parvenus dans l'idiome arménien ne remontent pas plus haut, que le IVe siècle de notre ère. Ce sont d'abord St Grégoire l'Illuminateur, premier patriarche de l'Arménie, qui composa un grand nombre d'homélies, d'hymnes et de prières insérées dans l'office de l'Église arménienne; puis Agathange secrétaire du roi Tiridate, grec d'origine, qui a écrit dans sa langue une histoire de ce monarque et de St Grégoire, dont le texte nous est parvenu avec une version arménienne faite à une époque postérieure. On a plusieurs éditions de cet ouvrage [1]

---

[1] Constantinople, 1719, 1824. — Venise, 1855, 1862. La trad. ital. Venise, 1845.

important et même une traduction italienne fort appréciée.

Saint Jacques de Nisibe[1], auteur d'homélies dogmatiques et morales.

Zénob de Clag[2], historien de la province de Daron.

Saint Nersès-le-Grand, auteur de quelques œuvres ascétiques.

Faustus de Byzance[3], qui, dans son histoire nationale, continue celle d'Agathange jusqu'en 390.

Saint Isaac-le-Grand, patriarche d'Arménie, qui traduisit avec tant de pureté, d'élégance, de fidélité l'Ancien-Testament, d'après la version des Septante.

Mesrob, surnommé Machdotz, à qui l'on doit, sans parler de l'invention des caractères, la version du Nouveau-Testament, faite sur le grec, l'eucologe[4] arménien.

Isaac et Mesrob furent les premiers, qui mirent en ordre le bréviaire arménien, le recueil d'hymnes, le rituel, le calendrier, la liturgie.

---

1 Rome, texte arménien, avec traduction latine, 1756. — Venise, 1765. — Constantinople, texte seul, 1824.

2 Constantinople, 1719. — Venise, 1832.

3 Constantinople, 1750. — Venise, 1832.

4 Venise, 1827.

Le Ve siècle, qui est le second âge d'or de la littérature arménienne, avait été préparé par le précédent. Une grande découverte venait d'avoir lieu. Mesrob, inspiré du ciel, avait inventé les trente-huit signes de la langue arménienne, (laquelle s'écrit de gauche à droite). Tout ce qui avait été précédemment composé avec les lettres syriaques, grecques, persanes, venait d'être copié avec les nouveaux caractères; ils avaient servi à la traduction des Livres Saints. Des écoles s'ouvraient de toutes parts; on y enseignait les sciences de Rome, d'Athènes, d'Alexandrie; Vramchabouh, roi d'Arménie, favorisait l'élan général.

Le Ve siècle produisit: Eznig, dont le principal ouvrage, très-intéressant pour la connaissance des anciens cultes, est une Réfutation [1] contre les païens, contre les Perses, adorateurs du feu, contre les philosophes grecs, contre les Marcionites et les Manichéens.

Moïse de Khorèn, le père des historiens d'Arménie, auteur d'une histoire d'Arménie [2], depuis l'origine du monde jusqu'à la destruction

1 Venise, 1824, 1849. — Traduction française, 1855, Paris.
2 Amsterdam, 1695. — Londres, texte avec traduction latine, 1756. — Venise, texte seul, 1827; texte et traduction française, 1841; traduction italienne, sans texte, 1841, 1849.

dès Archagouni, histoire d'autant plus impor-
tante qu'on y trouve des renseignements précieux pour l'histoire générale, sur les Assyriens, les Perses, les Romains, les Grecs du
Bas-Empire. Moïse de Khorèn composa aussi
une grammaire, et un traité de réthorique [1],
qui contient le seul morceau connu de la tra-
gédie des Péliades d'Euripide; un traité de géographie, des homélies et des hymnes sublimes.

Mambré, surnommé *Vérzanogh* (anagnoste),
frère de Moïse de Khorèn, auteur d'homélies [2]
et d'une histoire perdue.

David dit le Philosophe, parce qu'il fut très-
célèbre dans la philosophie; il traduisit en outre les ouvrages philosophiques d'Aristote [3].

Kud, patriarche d'Arménie, disciple et collaborateur de Mesrob.

Jean Mantagouni, aussi patriarche, et auteur
d'homélies et de prières [4].

Élisée, qui fit une histoire des Vartaniens [5],
dans laquelle il parle longuement et dignement

---

1 Venise, 1796; œuvres complètes, 1843.
2 Venise, 1833.
3 Venise, 1833.
4 Venise, 1836, 1837.
5 Constantinople, 1764, 1823. — Russie, 1787. — Venise,
1832, 1842, etc. — 1841, la traduction italienne. — Paris, 1846,
la traduction française.

des persécutions et des combats soutenus contre les Perses par les Arméniens et les Géorgiens pour la foi chrétienne. On doit aussi à Elisée un grand nombre d'œuvres ascétiques et de charmantes homélies [1].

Lazare Parbétzi [2], historien, qui s'attache principalement à ce qui regarde l'invention des caractères arméniens, les progrès de la littérature, la version biblique, les différentes guerres des Arméniens contre les Perses leurs persécuteurs, jusqu'à l'an de J. C. 485.

Après les années d'abondance, viennent souvent des années de stérilité. Il en fut ainsi pour la littérature arménienne au VIe siècle. Les troubles politiques, les guerres continuelles sous le tyran perse Hazguerd, empêchèrent toute communication entre les Grecs et les Arméniens. Ce siècle n'est remarquable que par la fixation du calendrier [3], établi dans un synode

1 OEuvres complètes, Venise, 1833, 1859.

2 Venise, 1793.

3 Le premier jour de la première année de la nouvelle ère commença le 11 juillet 552 de J. C. Par suite de la suppression d'un jour dans les années bixestiles, les années des Arméniens étant toutes uniformes, il résulta une année en moins dans le calendrier arménien au bout de l'espace de temps écoulé depuis 552 de J. C. jusqu'en 1320, et la différence entre le calendrier latin et le calendrier arménien ne fut plus que de 551 ans ; ainsi l'an de J. C. 1862 correspond à 1312 de l'ère arménienne.

tenu à Toüine, en 552, sous le patriarche Moïse II, Élévardétzi.

Au VIe siècle, vécurent :

Abraham, évêque lettré, qui composa un traité sur le concile d'Éphèse, tenu en 431.

Pierre, archevêque de Sunik, auteur de différents écrits et d'homélies.

Abraham et Cirion patriarches, auteurs de lettres ecclésiastiques.

Dans le siècle suivant, la littérature se ressentait des malheurs de la nation. Entre les écrivains connus, on distingue :

Le patriarche Gomidas, qui composa de belles hymnes sur Sainte Hripsimé [1].

Jean Mamigonian, auteur d'une histoire [2] de Daron jusqu'à l'an 640.

Anania Chiragatzi, auteur d'un traité sur l'astronomie, sur les poids et mesures, sur les mathématiques, sur les calculs, l'arithmétique en particulier.

Moïse Galgantouatzi, auteur d'une histoire des Aghouank, *(Albanais)*.

La présence de deux ou trois bons écrivains

1 Venise, 1842 trad. en vers italiens par le poëte Carrer.
2 Constantinople, 1719. — Venise, 1831.

dans un siècle suffit pour recommander le VIIIᵉ siècle.

Jean IV Oznétzi, patriarche de toute l'Arménie, surnommé le Philosophe. On a de lui plusieurs discours ; un traité contre les Pauliciens ; une explication des offices de l'Église arménienne, un recueil de canons d'anciens conciles [1], et des hymnes.

Étienne, archevêque de Sunik, est surtout connu dans l'église arménienne par quelques belles hymnes en l'honneur de la Résurrection de J. C. Il a traduit en outre plusieurs ouvrages grecs.

Léon Iéretz, auteur d'une histoire abrégée, mais écrite avec élégance et pureté, sur l'origine de l'empire de Mahomet et des Kalifes ses successeurs.

Au IXᵉ siècle, la paix dont jouit l'Arménie sous la sage administration des princes Pacradouni, influait heureusement sur la littérature ; plusieurs écrivains marquent ce siècle littéraire. Forcés de nous borner aux plus intéressants, nous signalerons :

1 Venise, 1807, 1816, 1834, le texte avec la traduction latine, et nombreuses notes théologiques et philologiques.

Zacharie, patriarche, auteur d'homélies, de cantiques, de lettres ecclésiastiques.

Jean VI, patriarche, auteur célèbre d'une histoire nationale [1], tirée de celle de Moïse de Khorèn, jusqu'à la destruction des Archagouni; puis d'Élisée, de Corion, de Chabouh et d'autres écrivains pour les temps postérieurs. Cette histoire, terminée par une chronique des patriarches d'Arménie, depuis Saint Grégoire jusqu'à l'auteur, est écrite avec une élégance quelquefois trop recherchée.

Thomas Ardzrouni [2], auteur d'une histoire, qui s'étend depuis les premiers descendants de Noé jusqu'en 936 de J. C. Quoique consacrée spécialement à la gloire des Ardzrouni, cette histoire comprend aussi celle de la nation, et passe pour très-exacte.

La culture des lettres continue au Xe siècle, et, parmi un assez grand nombre d'écrivains, on remarque :

Samuel Gamertchatzorétzi, qui composa plusieurs écrits sur les fêtes et offices ecclésiastiques.

1 Jérusalem, 1843.
2 Constantinople, 1852.

Mesrob Iéretz, qui composa une histoire de Saint Nersès-le-Grand [1].

Grégoire Narégatzi [2], écrivain éloquent, poète sublime, le Pindare des Arméniens. Ses élégies sacrées, au nombre de quatre-vingt-quinze, réunissent tous les genres de perfection : style sublime, en prose poétique, pensées élevées et magnifiques. Parmi les nombreuses éditions de cet ouvrage, les meilleures sont celles annotées par le Père Gabriel Avédikian. On cite encore quatre panégyriques, sur la Sainte Croix, sur la Vierge, sur les Apôtres, sur Saint Jacques de Nisibe ; des cantiques et des mélodies chantées dans l'Église arménienne [3].

Étienne Assolik, auteur d'une histoire arménienne, depuis l'origine de la nation jusqu'à l'an 1004 de J. C., histoire estimée, surtout pour l'exactitude des dates.

Moins illustre que le siècle précédent, le XIe offre encore quelques écrivains plus ou moins recommandables.

L'un des plus célèbres est Grégoire Magisdros, auteur de quantité de lettres pleines d'éru-

1 Madras, 1775; avec l'histoire des Orbélians.—Venise, 1853.
2 OEuvres complètes, Venise, 1827, 1840, etc.
3 Constantinople, 1774.

dition sur différents sujets, d'une grammaire, d'un poème de mille vers, composé, dit-on, en trois jours, sur l'Ancien et le Nouveau-Testament, de nombreuses traductions d'ouvrages grecs.

Viennent ensuite : Pierre Kédatartz, patriarche, auteur d'hymnes, en l'honneur des martyrs et des morts.

Anania Sanahnétzi, qui interpréta les lettres de Saint Paul, d'après les commentaires de Saint Jean Chrysostôme et de Saint Ephrem.

Arisdaguès Lasdiverdétzi, auteur[1] d'une histoire d'Arménie, depuis 989, jusqu'en 1071 ; il traite surtout de la destruction d'Ani par Alp-Arslan, en 1064.

Grégoire II, Vegaïasère, *ami des martyrs*, patriarche ; il traduisit du syriaque et du grec en arménien quantité d'histoires de martyrs.

Sisianos, docteur arménien, qui composa, dans un style pur, élevé, une homélie ou panégyrique sur les quarante martyrs de Sébaste.

Le XIIe siècle est regardé avec raison comme un des plus illustres dans l'histoire de la littérature arménienne, car il produisit :

---

1 Venise, 1844.

Grégoire III, patriarche d'Arménie, auteur d'hymnes en honneur dans l'Église arménienne et d'un grand nombre de lettres sur différents sujets.

Le célèbre Nersès Glaïétzi, justement surnommé Chenorhali, *Gracieux,* cité par l'abbé Villefroy, M. l'abbé Villotte, comme un des Pères les plus éloquents de l'Église arménienne. Il composa un poème de huit mille vers [1], ouvrage qu'on ne peut assez louer; une élégie [2] sublime, en deux mille quatre-vingt-dix vers, sur la prise d'Édesse; une histoire [3] d'Arménie en vers, ouvrage de sa jeunesse; des poésies sacrées sur différents sujets. Les ouvrages en prose de Saint Nersès sont aussi très-célèbres. Sa belle prière est connue par tout le monde, car elle a été souvent imprimée, avec traduction polyglotte [4]. On admire aussi sa lettre encyclique pastorale [5]; on cite encore des lettres, des homélies, des vies de saints, etc. Peu d'auteurs ont plus écrit que Nersès Che-

1 Venise, 1830.
2 Paris, 1826.
3 Constantinople, 1824, édition incorrecte. — Venise, 1830.
4 Venise, 1862, en 35 langues.
5 S.ᵗ-Pétersbourg, 1788. — Constantinople, 1821. — Venise, avec traduction latine, 1829.

norhali, et nul n'a mieux écrit que lui. Pour la douceur onctueuse, il est le Fénelon de l'Arménie.

Le docteur Ignace, auteur d'un commentaire très-estimé sur Saint Luc l'Évangéliste [1].

Le docteur Sarkis, qui composa quarante-trois homélies [2], dans le goût et le style de Saint Basile, de Saint Grégoire de Nazianze, et surtout de Saint Jean Chrysostôme.

Jean-le-Diacre, homme d'une profonde érudition, qui composa une explication de la chronologie, ouvrage presqu'entièrement perdu ; une histoire nationale, perdue, et huit homélies très-belles sur différents sujets [3], et des prières.

Mathieu d'Édesse, auteur d'une histoire de cette ville, depuis 952 jusqu'à 1132, histoire réputée très-exacte, contenant grand nombre de faits relatifs aux nations perse, grecque, latine : continuée jusqu'en 1176 par Grégoire Iéretz, disciple de Mathieu, et, comme lui, écrivain peu élégant. Ces deux historiens sont très-utiles pour l'histoire des croisades.

Samuel Iéretz, qui composa une chronique

1 Constantinople, 1735, 1824, incorrecte.
2 Constantinople, 1743.
3 Venise, 1853.

universelle [1], depuis le commencement du monde jusqu'à l'an 1179 ; ouvrage estimé.

Mékhitar, le médecin, connu surtout par un traité sur les fièvres [2], composé d'après la doctrine des anciens médecins grecs, perses et arabes.

Grégoire IV, successeur et neveu de Nersès Chenorhali, qui composa plusieurs lettres écrites avec pureté et élégance; l'une à l'empereur Comnène, au sujet de la mort de Saint Nersès, d'autres sur la réunion des Églises grecque et arménienne.

Nersès Lampronatzi a composé un grand nombre d'ouvrages ascétiques, parmi lesquels on cite particulièrement un admirable discours synodal [3], prononcé dans le concile national de Romcla, en 1179, au sujet de la réunion des Églises grecque et arménienne; deux homélies sublimes; des lettres, dont l'une à Léon, roi d'Arménie [4]; des hymnes en usage dans l'Église arménienne; enfin, plusieurs autres ouvrages, sans parler d'un grand nombre de traductions.

1 Milan, traduction latine, 1847.
2 Venise, 1832.
3 Venise, texte avec traduction italienne, 1812.
4 Venise, 1787, 1858.

Mékhitar Coche, célèbre par un recueil de cent quatre-vingt-dix fables[1], pleines de sens, d'élégance, de pureté. Mékhitar a, de plus, composé un corps de droit canonique et civil, tiré surtout des codes Théodose et Justinien.

La littérature, si florissante au XIIe siècle, produisit encore au XIIIe beaucoup d'auteurs; mais peu qui méritent d'être cités.

Grégoire Sguèvratzi, composa un éloge historique de Nersès Lampronatzi[2], des homélies, des hymnes, etc.

Mékhitar Anétzi fit une histoire sur les antiquités de l'Arménie, de la Géorgie et de la Perse.

Arisdaguès le grammairien est auteur d'un livre intitulé : Science ou préceptes pour bien écrire ; d'un dictionnaire portatif de la langue arménienne.

Jean Vanagan ou *Cénobite,* un des écrivains les plus célèbres de ce siècle, composa un commentaire sur Job et une explication d'hymnes. On ne peut assez regretter la disparition d'une histoire par le docteur Jean, sur l'invasion des Tartares en Asie, l'an 1236.

1 Venise, 1791, 1842, 1854.
2 Venise, 1854.

Vartan, surnommé le Grand, homme versé dans les lettres grecques, persanes, hébraïques, tartares, composa une histoire universelle, depuis le commencement du monde jusqu'en 1267 ; ouvrage plein d'érudition et d'exactitude [1] ; des commentaires sur l'Écriture Sainte, plusieurs écrits ascétiques. Vartan a aussi laissé un livre de fables au nombre de cent quarante-quatre, imprimées plusieurs fois en différents lieux. Quarante-cinq de ces fables, traduites par Mr Saint-Martin, ont été publiées à Paris en 1825.

Le docteur Guiragos Kantzaguétzi composa un corps d'histoire, depuis le roi Dertad jusqu'au temps du roi Aïton Ier, c'est-à-dire depuis 300 jusqu'à 1260. On trouve dans cet ouvrage, d'ailleurs écrit avec un style peu élevé, des renseignements précieux sur les Arabes, les anciens Turcs ou Tartares.

Malachie le Moine, a composé une histoire intéressante sur l'irruption des Tartares en Asie et spécialement en Arménie, jusqu'à l'an 1272.

Vahram Rapoun, ou *Maître*, secrétaire de Léon III, roi d'Arménie, a continué en vers

1 Moscou, 1861. — Venise, 1862.

l'ouvrage de Nersès Chenorhali : c'est-à-dire la série chronologique des rois arméniens en Cilicie [1] jusqu'en 1280.

Jean Érzengatzi, le dernier des anciens docteurs de l'Église arménienne et même des auteurs classiques, a donné une explication de la grammaire arménienne ; un traité [2] d'astronomie ; panégyriques [3] de Saint Grégoire ; un livre de prières ; un commentaire [4] sur l'Évangile de Saint Mathieu ; de plus, des cantiques, des élégies, des hymnes.

Étienne Orbélian [5], archevêque de Sunik, auteur d'une histoire de cette province ; il est à remarquer que M.ᵣ Saint-Martin s'est trompé en intitulant : *Histoire des Orbélians,* une histoire des Géorgiens, imprimée à Madras, en 1776, qui n'est qu'une partie de l'histoire d'Étienne.

Grégoire VII Anavarzétzi, patriarche à Romcla, puis à Sis ; a composé un calendrier à la manière des Grecs et des Latins ; un martyrologe arménien, etc.

---

1 Madras, 1840.
2 Nakhitchévan en Russie, 1791.
3 Constantinople, 1757, 1824. — Venise, 1853.
4 Constantinople, 1825.
5 Paris, 1819. — Moscou, 1861.

Dans le XIVe siècle, siècle anti-littéraire, deux parties rivales, connues, l'une, sous le nom de Frères-Unis, l'autre, favorisée par Datévatzi, s'accordèrent malheureusement à corrompre la pureté de la langue arménienne. Cependant on doit distinguer parmi un grand nombre d'écrivains peu dignes de mention :

Aïton, parent et contemporain du roi Aïton II, devenu religieux à Chypre, qui a composé en français une histoire[1] merveilleuse du grand Khan, histoire dans laquelle il raconte les victoires des Tartares, les guerres des Assyriens, quelques faits et gestes des rois Arméniens en Cilicie, et donne des détails presque sur tous les pays d'Asie.

Khatchadour Guétcharatzi, poète médiocre, a composé quelques vers et des élégies en l'honneur d'Alexandre-le-Grand.

Encore plus malheureux que le précédent, le XVe siècle offre bien peu d'écrivains dignes d'être cités.

Thomas Médzopétzi composa, en style incorrect, une histoire de Tamerlan, y joignit le

---

1 Venise, 1852, la trad. arm.-avec une intéressante table chronologique du même auteur.

récit des événements arrivés de son temps jusqu'à l'an 1447.

Amirdolvat, médecin distingué, a donné un traité de médecine générale.

Chaque jour le goût de la littérature diminue; il y a encore des écrivains, mais tous sont plus ou moins indignes de mention.

Le XVIe siècle est d'ailleurs remarquable par l'introduction d'une imprimerie arménienne à Venise en 1565. Une autre imprimerie arménienne s'établit à Rome en 1584.

Si la littérature se ressent encore de la malheureuse influence des siècles précédents, les moyens d'instruction se multiplient. En 1623, le collége de la Propagande s'organise à Rome; des écoles s'ouvrent à Etchmiadzin, dans la Perse-Arménie, à Léopol ou Lemberg en Pologne, en 1655.

Outre les imprimeries de Venise, de Rome, on en voit à Léopol, en 1616; à Milan, en 1624; à Paris, en 1633; à Julpha *(T'cioughà)*, faubourg d'Ispahan, en 1640; à Livourne, en 1640; à Amsterdam, en 1660; à Marseille, en 1673; à Constantinople, en 1677; à Leipsick, en 1680; à Padoue, en 1690.

La plus célèbre de toutes ces imprimeries fut celle établie en Hollande.

Parmi les écrivains du XVIIe siècle, on peut citer : Jacques IV, patriarche d'Arménie.

Étienne de Pologne, qui traduisit du latin en arménien les œuvres de Denis l'Aréopagite, l'histoire de la guerre des Juifs par Josèphe, un livre de métaphysique.

Un autre Étienne de Pologne, dit Rochekan, composa avec goût un dictionnaire arménien-latin volumineux.

Arakel, qui recueillit l'histoire[1] de son temps, de 1601 à 1662.

L'évêque Osgan, envoyé en Hollande, puis à Marseille, pour faire fleurir l'imprimerie arménienne, a édité entre autres la Bible.

Mathieu Vanantétzi, collaborateur d'Osgan à Marseille. Il vint fonder en Hollande une imprimerie, d'où sortirent différents ouvrages arméniens.

Gomidas, martyr à Constantinople en 1707, composa plusieurs ouvrages, entre autres, une chronologie en vers des nations grecque, arménienne, persane. — Son frère Erémie a laissé des traités historiques et des annales.

[1] Amsterdam, 1669.

L'imprimerie pouvait donner une nouvelle impulsion à la littérature, mais jusqu'alors elle n'avait servi, qu'à publier des œuvres presque toutes nouvelles et peu utiles. Il était réservé à Mékhitar de léguer à sa nation, non-seulement des disciples capables de l'éclairer, mais aussi des ouvrages précieux : Bible magnifique[1], ornée de gravures, aujourd'hui très-rare et très-recherchée en Orient; Explication savante de l'Évangile de Saint Mathieu[2]; Grammaire; Grand dictionnaire[3] de la langue arménienne, propre à la faire refleurir.

Au XVIIIᵉ siècle appartiennent aussi un assez grand nombre d'autres écrivains, parmi lesquels il est juste de citer :

Malachie Diratzou, qui composa des annales, en y ajoutant les événements de son temps.

Jacques Nalian, patriarche à Constantinople, auteur de plusieurs ouvrages.

Athanase Mérassian évêque, auteur d'une grammaire[4] en trois langues, italienne-arménienne-turque.

---

1 Venise, 1733.
2 Venise, 1737.
3 Venise, 1749.
4 Venise, 1774.

Nous venons de passer en revue les produits de la littérature arménienne, il nous reste à parler de la restauration de cette littérature, qui s'est manifestée dès le XVIIIe siècle et qui a eu pour résultat de conserver les trésors de science et de connaissances, que le génie du peuple arménien a enfantés durant l'espace de treize siècles. Cette restauration est dûe à Mékhitar de Sébaste, fondateur de l'ordre monastique, qui porte son nom, et à ses disciples. Ce grand homme, dont la vie fut consacrée à l'étude, inspira à la Congrégation qu'il fonda, le goût de la science, et c'est lui qui a eu la gloire insigne de préparer l'œuvre, qui se poursuit encore actuellement par ses disciples, à savoir la vulgarisation de la langue et de la littérature nationales et de fonder cette imprimerie célèbre, qui a vu sortir de ses presses tant d'ouvrages et de chefs-d'œuvre traduits dans l'idiome arménien et aujourd'hui répandus à profusion dans toutes les contrées de l'Asie et de l'Europe, habitées par les enfants de Haïg.

Après la bible et les livres de piété et d'instruction, la Congrégation mékhitariste a compris, qu'il fallait donner à la nation une histoire d'Arménie. Michel Tchamitch, homme d'une vaste érudition et d'un esprit élevé, fut chargé de ce soin, et les trois énormes volumes, qu'il écrivit sont encore à l'heure qu'il est le seul monument historique complet, que l'Arménie possède touchant les annales de la nation et ses rapports avec les populations voisines. Les travaux de Luc Indjidji sur les antiquités et la géographie arméniennes ont servi de complément à la grande histoire de Tchamitch, et la valeur de ces trois ouvrages est si incontestable que des traductions en ont été entreprises dans les idiomes de l'Occident. Ainsi l'histoire de Tchamitch a été traduite en anglais, les antiquités de l'Arménie ont leur version en italien et la géographie d'Indjidji a été traduite en allemand à l'usage du géographe C. Ritter.

Les membres de la Congrégation, qui ont jeté un vif éclat par leur savoir et les ouvrages qu'ils composèrent sont nombreux ; aussi nous ne pouvons les citer tous ; nous devons donc dans cette notice rappeler seulement les noms et les travaux d'Aconz Köver, biographe de Mékhitar et géographe habile ; d'Avédikian, grammairien et théologien célèbre ; de Tchakchak lexicographe distingué ; des frères G. et E. Hurmuz, traducteurs et poëtes remarquables ; d'Aiwazowski, Seth, Alishan, géographes, historiens et philologues d'une grande érudition ;

de Zohrab et d'Aucher traducteurs de la chronique d'Eusèbe, de R. Trenz, orateur sacré et panégyriste, et de tant d'autres, dont les noms et les œuvres ont contribué à faire la gloire du monastère de S.ᵗ Lazare.

Non contents de restaurer la littérature arménienne en l'enrichissant d'éditions très-soignées de leurs propres auteurs, les Arméniens de S.ᵗ Lazare l'ont augmentée encore de traductions fidèles de livres d'histoire, d'instruction, de science et de piété, de chefs-d'œuvre littéraires des autres nations. Ainsi ils ont publié en arménien : l'*Histoire Romaine*, l'*Histoire ancienne* de Rollin ; — le *Discours sur l'Histoire universelle* de Bossuet ; — les *Aventures de Télémaque*, la *Vie des Philosophes*, l'*Education des Filles* et les *Maximes* de Fénelon ; — Fleury, *Mœurs des Israélites et des Chrétiens, Catéchisme historique ;* — Gessner, *La mort d'Abel ;* — Goldsmith, *Abrégé de l'Histoire Romaine ;* — Barthélemy, *Voyage du jeune Anacharsis en Grèce ;* — Florian, *Numa Pompilius ;* — Pey, *Le sage dans la solitude ;* — Soave, *La logique ;* — Tassoni, *La religion démontrée ;* — Milton, *Le paradis perdu ;* — Vida, *La Christiade ;* — Young, *Les nuits ;* — Buffon, *Histoire naturelle des oiseaux ;* — Byron, *Choix de poésies,* etc., etc.

Parmi les écrivains de l'antiquité nous trouvons traduits : Homère, l'*Iliade* et l'*Odyssée ;* — Virgile, *Œuvres complètes ;* — Horace, *L'art poétique ;* — Phèdre, les *Fables ;* — Cicéron, les *Offices ;* — Sénèque, *Traités philosophiques ;* — Plutarque, *Vies des hommes illustres ;* — Théophraste, *Les caractères ;* — Salluste ; — Grégoire le grand, *Le canon pastoral ;* — Chrysostôme, *Choix d'homélies ;* — St Augustin, *La cité de Dieu,* etc., etc.

Parmi les œuvres originales sont dignes de remarque : les Commentaires *sur l'Ancien et le Nouveau Testament ; sur les Psaumes ; sur l'Ecclésiaste ; sur l'Évangile de St Mathieu ; sur les Épîtres de St Paul ;* — une Biographie Universelle ; — une Histoire Universelle ; — l'Histoire Universelle du XVIIIe siècle ; — l'Histoire de la France ; — l'Histoire de l'Empire Russe ; — l'Histoire de l'Empire Ottoman ; — Des Traités complets de Rhétorique, d'Arithmétique, de Calendrier, de Géométrie, de Trigonométrie, de Nautique, de Miniature, de Perspective linéaire, de double Écriture, d'Écriture simple, de Médecine, de Physique, de Téchnologie, de Philosophie ; — une Jurisprudence ; — une Géographie Universelle, en 12 volumes ; — une autre Géographie universelle avec des cartes et des vignettes intercalées, où la part d'Arménie est assez bien développée avec des lumières des anciens écrivains et de tous les nouveaux voyageurs. — Un Atlas Géographique, dressé sur les meilleurs ouvrages modernes en ce genre, précédé d'une Introduction à la Géographie mathématique, physique et politique; — Dictionnaire académique de la langue arménienne, deux volumes in-folio, où tous les mots sont enrichis de citations du texte des auteurs classiques, et accompagnés de leurs correspondants grecs et latins; — une Grammaire des Grammaires arménienne, ouvrage d'une profonde érudition sur un nouveau plan, qui a coûté à l'auteur le Père Arsène Pacradouni, 40 ans d'études et de recherches. C'est à ce Père que la poésie arménienne est redevable d'un nouveau mètre, qu'il a inventé, et dont il a donné les règles et le modèle dans son inimitable traduction de l'Art poétique d'Horace, des Géorgiques de Virgile, du Paradis perdu de Milton. La nation arménienne est fière en même temps d'avoir de ce grand poète son épopée nationale, intitulée *Haïg*. Plusieurs autres travaux grossissent le catalogue des livres imprimés dans l'île de Saint-Lazare.

On y voit un Recueil périodique d'articles

des sciences morales, littéraires, économiques, et naturelles, orné de gravures intercalées dans le texte, (1843—1863).

Les œuvres Poétiques des Pères Mékhitaristes sont imprimées en trois volumes. En outre Mgr E. Hurmuz, le traducteur de l'Enéide et des Eglogues, a chanté *Les Jardins* en quatre chants.

Si l'on passe à des ouvrages utiles tout à la fois aux Arméniens et aux Européens, on trouve : *Grammaires*, française-arménienne très-savante, par le P. Arsène Pacradouni ; — italienne-arménienne-turque, avec dialogues, par le P. Gabriel Avédikian ; — anglaise-arménienne, arménienne-anglaise, par le P. Pascal Aucher ; — russe-arménienne, par le P. Minas Médici ; — allemande-arménienne, par Mr Hindoglou ; — une *Grammaire polyglotte*, contenant les principes des langues turque, persane, arabe et tartare, avec des remarques analytiques sur d'autres langues, par le P. Minas Médici ; ouvrage qui a valu à l'auteur une médaille d'or de la part de S. M. l'Empereur Nicolas Ier. *Dictionnaires*, arménien-anglais, anglais-arménien, par le P. Pascal Aucher ; — italien-arménien-turc et arménien-italien, par le P. Emmanuel Tchaktchak ; — français-arménien et arménien-français, par le P. Pascal Aucher.

La publication de la Chronique d'Eusèbe, très-incomplète dans le texte grec, et qui fut traduite en arménien au Ve siècle, et annotée par le savant P. Jean-Baptiste Aucher ; celle de Philon, de Saint Éphrem, de Sévérien sont de véritables services rendus aux savants de tous les pays.

Un ouvrage précieux, surtout pour l'étranger, le *Quadro della letteratura armena* (Tableau de la littérature arménienne), composé par Mgr Sukias de Somal, donne une idée juste et raisonnée, siècle par siècle, des produits de la littérature arménienne.

Cependant la Congrégation mékhitariste, qui a donné une si active impulsion à la restauration de sa littérature, n'a pas été la seule à aider au développement des lettres arméniennes, et il est juste de dire que dans différents pays les Arméniens ont profité de cet élan imprimé par les Pères de St Lazare à leur littérature nationale pour se livrer avec ardeur à la propagation de leur idiome en publiant d'utiles ouvrages sur différents sujets et des textes d'anciens auteurs inédits. A Vienne, la Communauté mékhitariste a publié entre autres ouvrages, des livres d'histoire dûs à la plume de Caterdjian et de Tchakedjian : à Moskou, MM. J. B.

Emine et Osgan ont publié des éditions de Jean Catholicos, de Moïse de Gaghangadouk, de Mékhitar d'Aïrivank, de Vartan, de Guiragos, d'Étienne Orbélian et de Sempad ; à Paris, M. Chahnazarian a donné aussi plusieurs historiens inédits de l'Arménie, Léonce, Étienne Assolig, Vahram Rapoun, Thomas de Medzop et d'autres encore ; à Constantinople, des Arméniens patriotes ont publié les œuvres de Thomas Ardzrouni et de Sébéos ; à Etchmiadzin, où existe la plus riche collection de manuscrits arméniens, les moines de ce couvent patriarcal ont peu produit et on est réduit à mentionner seulement les deux ouvrages publiés par Chahkhatounoff et Djalal sur les antiquités nationales de l'Arménie, tant au monastère qu'ailleurs. Les Arméniens des Indes impriment de temps en temps des ouvrages à Calcutta, ceux de la Géorgie en font autant à Tiflis. Depuis plusieurs années l'imprimerie arménienne du couvent de S.ᵗ Jacques à Jérusalem ne produit rien de bien saillant.

Une littérature aussi riche que celle de l'Arménie, comprenant à elle seule une liste de plus de quarante historiens, sans compter les ouvrages de théologie, de science et de grammaire, ne pouvait rester inappréciée par les

savants Européens. Les précieux renseignements que les historiens nous ont conservés
sur l'Arménie et les contrées voisines de ce
pays, ont dû nécessairement attirer l'attention
des Occidentaux et dès le commencement de
ce siècle, l'étude de la langue arménienne a
été cultivée en Europe avec un grand succès.
Déjà bien avant cette époque, des savants occidentaux avaient donné des traductions d'ouvrages religieux et composé des grammaires et
des dictionnaires. Le premier arméniste dont
le nom mérite d'être cité est Barthélemy de
Bologne, au XIV⁰ siècle; viennent ensuite
François Rivola de Milan au XVII⁰; Clément
Galanus, qui composa la *Conciliatio Ecclesiæ
Armenæ cum Romanâ;* Jacques Villotte, français; André Accolouth, prussien; Aug. Pfeiffer,
saxon; Mathurin de la Croze et l'abbé de Bla-
mont, Villefroy, tous deux français; Schrœder,
allemand; les frères Whiston, anglais, premiers traducteurs de Moïse de Khorèn; enfin
Wahl, Bellaud, Martin et l'illustre Lord Byron.
Mais le premier savant, qui ait vraiment donné
aux études arméniennes en Europe une très-for-
te impulsion est S.ᵗMartin, membre de l'Institut
de France, auteur de mémoires sur la géographie et l'histoire de l'Arménie, qui sont consi-

dérés à juste titre comme un des plus beaux monuments littéraires de notre époque. Si une mort prématurée n'eût pas enlevé Saint-Martin à la science, la culture de l'arménien aurait acquis en France les plus grands développements.

Parmi les plus célèbres orientalistes de notre temps, qui se sont voués avec ardeur à l'étude de l'arménien, il faut mentionner M.r le Conseiller d'État actuel Brosset, membre de l'Académie des sciences de Russie; Boré; Bœttlicher; l'abbé Cappelletti; Gosche; Neumann; Petermann; Welte; Nève et Dulaurier.

Ce qui a contribué notamment à appeler l'attention de l'Europe sur les Arméniens et sur leur pays, c'est la grande extention donnée dans ces dernières années aux explorations scientifiques en Orient. Outre les voyages de Chardin, de Tournefort, de Jaubert et de Klaproth, il en est d'autres, qui ont fait connaître des régions complétement ignorées de l'Arménie et qui ont visité les antiques contrées, où la race de Haïg était primitivement établie. Dubois de Montperreux est le premier qui ait visité en détail et décrit avec un soin tout particulier les régions de la Grande-Arménie; après lui MM. Téxier, Brosset, Abich, Wagner, Khanikoff, les

PP. Nersès et Étienne de S.ᵗ Lazare ont parcouru les régions du Caucase, de la haute Arménie, les localités autrefois possédées par les Arsacides, les Bagratides et les Roupéniens, et ont publié pour la plupart les résultats de leurs voyages. Actuellement encore de courageux explorateurs visitent journellement les contrées de l'Arménie les moins connues et d'autres fréquentent en ce moment les pays voisins de la Syrie, traversés autrefois par les émigrés arméniens, qui furent les premiers chrétiens que les Croisés rencontrèrent sur la terre d'Asie, au moment, où ils se préparaient à reconquérir le tombeau du Christ des mains des Infidèles.